LE RÔLE DES PHÉNICIENS

dans l'histoire de la civilisation

d'après les livres homériques

PAR

M. Jules POINSO,

AGRÉGÉ DES LETTRES,
PROFESSEUR AU LYCÉE DE NIMES.

Lecture faite à l'Académie de Nîmes.

NIMES

IMPRIMERIE CLAVEL ET CHASTANIER

A. CHASTANIER, SUCCESSEUR

12, rue Pradier, 12.

—

1909

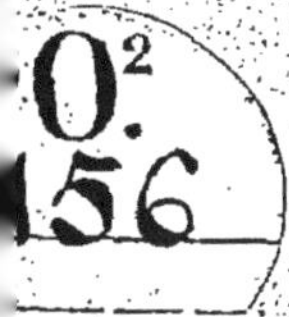

LE ROLE DES PHÉNICIENS

dans l'histoire de la civilisation

d'après les livres homériques

PAR

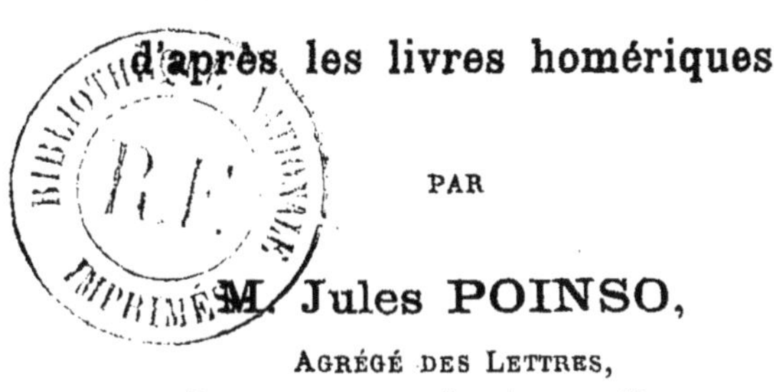

M. Jules POINSO,

AGRÉGÉ DES LETTRES,
PROFESSEUR AU LYCÉE DE NIMES.

Lecture faite à l'Académie de Nimes.

NIMES
IMPRIMERIE CLAVEL ET CHASTANIER
A. CHASTANIER, SUCCESSEUR
12, rue Pradier, 12.
—
1909

LE ROLE DES PHÉNICIENS

dans l'histoire de la civilisation

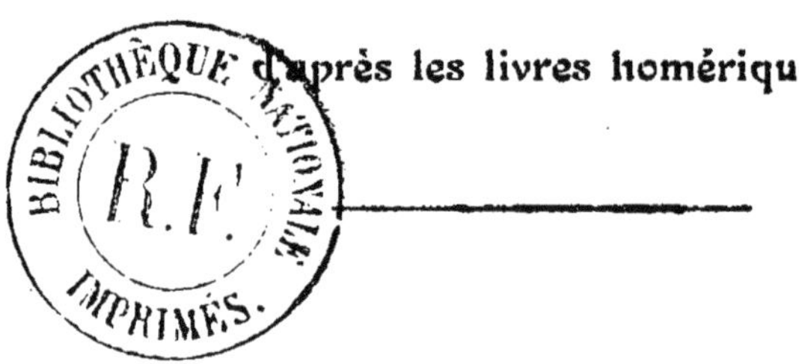

d'après les livres homériques

Les Phéniciens ne nous ont laissé aucun monument
écrit, si l'on excepte les fragments de Sanchoniaton,
connus par une traduction grecque de Philon ; c'est peu
de chose, et nous n'avons pas la ressource, à défaut
d'autres informations, d'interroger les monuments en
pierre : le temps et la domination turque ne les ont pas
épargnés. Quelques médailles, les inscriptions recueillies
dans le Corpus Inscriptionum Semiticarum, voilà les
seules traces matérielles de pensée, si l'on peut parler
ainsi, laissées par les Phéniciens. Ils nous seraient donc à
peu près inconnus, si d'autres n'eussent pris soin de nous
parler d'eux. Grande sans doute a été leur place dans le
monde antique. Car ils revivent pour nous non-seulement
dans le récit des historiens, mais dans l'œuvre des
poètes.

Les livres homériques, en particulier, nous donnent sur
les Phéniciens les renseignements les plus précieux, — et
les plus anciens, à la fois, — qui compensent dans une
certaine mesure le silence que les Phéniciens ont gardé
sur eux-mêmes, soit qu'ils aient dédaigné la littérature,
comme vaine, soit que le goût des choses de l'esprit ait
fait absolument défaut à ce petit peuple de commerçants.
Ces renseignements sont cependant incomplets, si bien
que tout en ne parlant des Phéniciens que d'après les
livres homériques, nous nous réservons de mettre en

lumière ce que les auteurs de l'Iliade et de l'Odyssée ont laissé dans l'ombre, mais qu'il est indispensable de rappeler, si l'on veut bien comprendre toute l'importance du rôle que les Phéniciens ont joué dans l'histoire de la civilisation.

La Phénicie est une étroite bande de terre comprise entre la Méditerranée et le Liban. Homère (1) ne paraît pas se rendre bien compte de sa situation ; elle est pour lui, semble-t-il, au bout du monde. A vrai dire, dans l'Iliade et l'Odyssée, la Phénicie se réduit à une ville, Sidon, et à une île, Cypre. Mais le royaume des Phéniciens est plus étendu que ces étroites limites. On trouvait partout des établissements sidoniens, en Égypte, en Crète, dans l'archipel, et même dans la mer Erythrée. Énumérant les peuples qu'il a visités, lorsqu'il revenait dans sa patrie, Ménélas nous dit (2) « qu'il a parcouru Cypre, la Phénicie, l'Egypte, qu'il a vu les Ethiopiens, les Sidoniens, les Erembes. » Il semble bien, d'après ce passage, que les Phéniciens se soient établis sur les rives de la mer Erythrée, qui leur portait les produits de l'Orient. Si les Phéniciens couvraient ainsi le monde de leurs comptoirs, Cypre et Sidon étaient comme les foyers de leur industrie et de leurs richesses. Cypre, « l'île parfumée », du milieu de ses jardins de jacinthes et de roses voyait s'élever de belles cités, des temples magnifiques. Homère appelle souvent Sidon, « la populeuse ». Tous les Phéniciens, après avoir couru le monde, et fait fortune, retournaient à Sidon. Ce devait être une fort belle ville : elle n'avait pas encore ces puissantes rivales, dont Tyr fut la plus illustre, et toutes les richesses du commerce et de l'industrie affluaient dans ses murs. La Phénicienne qui vole Eumée à ses parents se glorifie d'être née à Sidon « riche en airain », et d'être la fille d'un homme opulent ; elle regrette les superbes demeures paternelles,

(1) Il est moins exact, mais plus concis de parler ainsi.
(2) Odyssée IV. 83. — La traduction des passages cités est celle de Giguet (Hachette), avec quelques légères modifications.

« au toit élevé » (1). Les maisons de Sidon atteignaient, en effet, la hauteur de plusieurs étages. Resserrée entre un contrefort du Liban et la mer, Sidon devenait trop petite et ne pouvant s'étendre, elle s'élevait.

Si Homère nous parle peu de la Phénicie, il nous donne plus de détails sur ses habitants. Il ne nous trace pas cependant leur portrait physique. Il nous dit que la Phénicienne qui vola Eumée était une grande et belle femme, il appelle les Phéniciens « beaux à voir ». Mais on ne peut d'aussi minces particularités tirer des conclusions générales. Les Phéniciens avaient le type sémitique, vraisemblablement, puisqu'ils étaient de même race que les Hébreux (2), mais nous ne pouvons l'affirmer. Les rares figures et statues qu'ils nous ont laissées sont dépourvues d'originalité : leurs sculpteurs se bornaient à copier les types de la Syrie et de l'Egypte. — Au moral, nous les connaissons mieux. Mais à ne lire qu'Homère ce ne serait peut-être pas à leur avantage. L'antiquité d'ailleurs n'a pas tenu les Phéniciens en grande estime. Les Grecs et les Romains les détestaient, et n'ont vu en eux qu'un peuple né pour le lucre et le mensonge. Pour Homère, les Phéniciens sont de maîtres fourbes, des grugeurs, des voleurs, des ravisseurs de femmes et d'enfants. En fait de roueries, « ils les connaissent toutes, et ils font aux hommes de nombreux maux. » (3) Un Phénicien veut conduire Ulysse en Libye pour le vendre et tirer de lui un prix considérable. Eumée est enlevé par une Phénicienne, qui non contente de ce rapt (ce qui est déjà quelque chose !) met la main sur trois coupes d'or ! Les Phéniciens sont à ce point menteurs fieffés qu'ils ne croient leurs propres compatriotes que sous la foi des plus grands serments (4). Une seule fois ils font preuve de

(1) Od. XV. 424.
(2) Renan — *Hist. des lang. sémit.*
(3) Od. XIV. 288 et sq.
    Od. XV. 416 et sq.
(4) Od. XV. 435.

quelque délicatesse morale. Ulysse conte une histoire à Athéné: il a pris passage sur un vaisseau phénicien ; une tempête le jette à la côte. Fatigué, il s'endort sur le rivage : « Les Phéniciens cependant tirent du vaisseau mes trésors et les déposent à mes côtés sur le sable. Aussitôt ils se rembarquent, et voguent vers la superbe Sidon. »}(1) Notons que tout ce récit n'est qu'une fiction, et qu'Athéné ne se laisse pas prendre à « ces paroles trompeuses ». — Enfin, pour achever le portrait des Phéniciens tracé par Homère, ajoutons que leur moralité fut une moralité de matelots. Courageux, endurants sur mer, dès qu'ils avaient touché terre, ils faisaient comme nos marins ! (2) « Arrivèrent avec un navire chargé d'une infinité de joyaux, des Phéniciens, navigateurs habiles, mais trompeurs. Mon père, dans son palais, possédait une femme de la Phénicie, grande, belle, habile aux arts de son sexe. Les rusés étrangers la séduisirent. D'abord, comme il l'avait envoyée au lavoir, l'un d'eux, près du vaisseau, s'unit d'amour avec elle..... »

Cette absence de contrainte, ce laisser-aller à l'instinct, se retrouvent dans les conceptions religieuses des Phéniciens : complaisante et facile, leur religion témoigne de leur sensualité grossière et naïve. Ce qui les frappa le plus dans la nature, c'est son inépuisable fécondité : ils en firent une déesse « Astarté », divinité phénicienne par excellence. Homère l'appelle Cythéré, Cypris. « Son temple parfumé, dit-il, était à Paphos dans l'île fleurie de Cypre, où elle avait un bois sacré et un autel odorant » (3). Ce temple célèbre dans toute l'antiquité ne nous est connu, bien imparfaitement, cela va sans dire, que par des médailles frappées sous les empereurs. Il est regrettable que les fouilles entreprises à Cypre n'aient pas donné sur ce point le résultat qu'on espérait. Partout où les Phéniciens établissaient des comptoirs, ils installaient

(1) Od. XIII. 283 et sq.
(2) Od. XV. 430 et sq.
(3) Od. VIII. 362 et Hymnes homériques, passim.

en même temps l'emblème d'Astarté. Il y a loin du bétyle informe qu'ils plaçaient dans leurs temples à l'Aphrodite de Praxitèle. Tout l'effort d'une race d'artistes était venu se ramasser dans ce chef-d'œuvre, aujourd'hui perdu, mais fameux dans toute l'antiquité. Ne ferons-nous pas quelque honneur aux Phéniciens d'avoir donné à la Grèce, avec le culte d'Aphrodite, la première ébauche de l'œuvre dont elle était le plus fière ?

Les Phéniciens eurent une religion, mais étaient-ils religieux ? Les peuples sémitiques sans doute furent les peuples les plus religieux de l'antiquité, mais pour leur part les Phéniciens n'ont conçu la religion qu'à leur profit : elle est pour eux un lien qui n'enchaine pas l'homme mais les dieux. Ils n'en ont vu que le côté matériel et utilitaire. Ils s'étaient faits les fournisseurs des nations pour les objets pieux, fabriquant des dieux pour les temples, vendant les objets du culte, des coupes, bronzes, tapisseries, parfums d'Orient, si bien que l'on peut se demander s'ils n'avaient pas une arrière-pensée de lucre mercantile, en répandant le culte d'une déesse, qui ne se contentait pas seulement de la fumée des sacrifices et de la bonne odeur des prières, mais se plaisait aux décorations somptueuses, à la richesse des objets d'art.

La Phénicie manquait de produits naturels ; son sol était pauvre. Aussi de bonne heure ses habitants tournèrent vers la navigation toute leur activité. Ils se risquèrent les premiers sur la vaste mer, et devinrent rapidement d'habiles navigateurs. Homère, quand il ne parle pas de leur fourberie, les appelle « amis de la rame, marins illustres ». Les peuples anciens avaient confiance dans le savoir nautique des Phéniciens. Rappelons que lors des guerres médiques, les pilotes de Darius et de Xerxès étaient phéniciens. Mais à l'époque homérique, les Phéniciens remplissaient déjà, si l'on peut ainsi dire, l'office des Messageries maritimes d'aujourd'hui. Voulait-on entreprendre un voyage, on traitait avec un patron de barque phénicien et au prix d'une forte « rançon », il vous transportait au gré de vos désirs. (1)

(1) Od. XIII. 273.

Les Grecs avaient primitivement une certaine crainte de la mer; l'Odyssée est remplie de récits de tempêtes; celles-ci, cependant, ne devaient pas être plus fréquentes qu'elles ne le sont aujourd'hui dans la Méditerranée. Mais les Phéniciens, eux, avaient le cœur cuirassé de ce triple airain, dont parle le poète; on les trouvait sur toutes les plages, en Crète, en Libye, dans les iles de l'Archipel. Grâce à un privilège acquis sous le règne de Thoutmès ils étaient seuls chargés du commerce de l'Egypte avec les autres peuples. Comme les Hollandais du xviie siècle, ils étaient les rouliers des mers; ils conduisaient leurs chargements dans les contrées les plus lointaines, se livrant tantôt au commerce, tantôt à la piraterie, faisant même les deux ensemble; car il n'apparait pas qu'ils aient nettement distingué l'une de l'autre. Ils échangeaient principalement des produits fabriqués contre les produits du sol qui leur manquaient : le fer, le blé, les céréales. (1) Ils passaient dans un port l'année entière, jusqu'à ce qu'ils eussent vendu leurs bronzes, leurs bibelots et leurs étoffes, puis ils remplissaient leurs vaisseaux creux de marchandises du pays (2), et un beau matin, ils levaient l'ancre; c'est alors qu'on s'apercevait de quelque acte de piraterie : ils enlevaient des enfants et des femmes, pour les vendre en Egypte. Ces faits se reproduisaient ils souvent? Il faut croire que non. Car les Phéniciens n'auraient pas tardé à perdre leurs clients, s'ils n'eussent entendu le commerce que de cette façon. Peut-être comme ils étaient à peu près les seuls à se risquer sur la mer, les a-t-on chargés de tous les méfaits qui s'y commettaient?

A l'époque homérique, le commerce, nous venons de le voir, se faisait comme il se pratique de nos jours dans l'intérieur de l'Afrique, par les échanges, la monnaie n'étant pas encore inventée. Comme ils manquaient de produits naturels, il était nécessaire que pour s'en procu-

(1) Od. I. 181. XV. 446.
(2) Od. XV. 440 et sq.

rer, les Phéniciens se livrassent à l'industrie, et nous allons voir qu'ils y excellèrent. Ils furent pour leur temps d'admirables travailleurs de métaux. Cypre était riche en cuivre, et quant à l'étain qui leur manquait pour la fabrication du bronze, les Phéniciens allaient le chercher aux iles Cassitérides. On peut dire qu'il s'étaient fait de ce travail du bronze une spécialité. Peut-être connaissaient-ils des procédés particuliers? Homère nous dit que les Béotiens fabriquaient des cuirasses et des boucliers, mais il ne loue point leur travail : il réserve son admiration pour les œuvres des artistes de Sidon, « la ville du bronze ».

Les Phéniciens se distinguaient surtout dans la fabrication des armes de guerre qui prêtent à la décoration : la cuirasse et le bouclier, dont la large surface offrait un champ favorable à la fantaisie du toreuticien. Les héros d'Homère sont revêtus de belles armures, la plupart de fabrication phénicienne. Telle est la cuirasse d'Agamemnon « que le roi Kinyras lui donna en témoignage d'amitié. Il avait appris dans Cypre, par la grande voix de la renommée, que les Grecs allaient faire voile vers Troie. Et c'est pourquoi il fit ce présent au roi Agamemnon, pour lui être agréable. Cette cuirasse avait dix cannelures d'émail foncé, douze d'or et vingt d'étain. Trois dragons d'émail rayonnaient jusqu'au col, semblables à ces arcs en ciel que le Kronide fixe dans les nuées » (1)· Le bouclier d'Achille, s'il n'eût été fabriqué par Héphaistos, était bien digne de sortir des forges de Sidon. Homère nous dit que les Phéniciens n'étaient pas moins habiles que le dieu.

Outre la fabrication des armures de prix, les Phéniciens fournissaient la Grèce, et les autres peuples méditerranéens, de vases en métal, de coupes et de cratères, et là encore, ils atteignaient la perfection. Ménélas donne à Télémaque un cratère d'un travail admirable : « Il est d'argent massif et bordé d'un cercle d'or. C'est l'œuvre d'Héphaistos. Le héros Phédime, roi des Sidoniens, me le

____

(1) Ili. XI. 19 et sq.

donna lorsqu'il me reçut dans son palais, à mon retour de
Troie (1) ». Achille, célébrant des jeux funèbres en l'honneur de Patrocle, propose comme prix de la course « un
cratère d'argent artistement travaillé ; il contient six
mesures. C'est le plus beau de ceux qu'il y ait sur la terre,
car les Sidoniens, habiles en tout, l'ont merveilleuse-
ment orné (2) ».

Habiles métallurgistes , les Sidoniens furent aussi
d'incomparables bijoutiers. Ils travaillaient l'or, l'argent,
l'ivoire et l'ambre. Un Phénicien apporte dans le palais
du père d'Eumée un collier d'or et d'ambre. « Mon auguste
mère, dit Eumée, et ses femmes se le passent de main en
main, le dévorent des yeux , et en offrent un grand
prix » (3). Les Grecs, encore inhabiles aux arts, admiraient
comme des enfants les bijoux phéniciens, les jouets, les
fétiches que les marchands de Sidon apportaient sur leurs
plages.

Nous pouvons nous faire une idée de toutes les belles
œuvres qu'Homère nous décrit, grâce aux découvertes
qui ont été faites. Les objets trouvés à Mycènes sont
probablement d'origine phénicienne : un modèle de temple
orné de colombes, oiseaux favoris d'Astarté ; des vases en
or, décorés de fleurs et de lions, motifs chers aux artistes
phéniciens, en sont une preuve, à peu près certaine pour
ces objets du moins. Les découvertes de Préneste ont été
plus importantes encore, par le nombre et la richesse des
objets en or, en argent, en bronze, par les coupes, tré-
pieds, cratères, bijoux de toute sorte qu'on a mis au jour.
Sur l'une des coupes sont figurées dans des zones concen-
triques les péripéties d'une journée de chasse. « Petite
narration aussi simple qu'ingénieusement figurée qui a un
commencement, un milieu et une fin »)(4). Les Grecs qui
achetaient ces coupes phéniciennes se demandaient ce
que signifiait cette profusion de dessins. Et il n'est peut-

(1) Od. IV. 615 et sq.
(2) Il. XXIII. 740 et sq.
(3) Od. XV. 460 et sq.
(4) **Perrot** : *Phénicie et Cypre*, p. 809-811.

être pas impossible que certains de leurs mythes soient sortis de ces tentatives d'explication. C'est là une question importante, mais qui n'est encore que posée. Les fouilles de Chypre, à Amathonte surtout, nous ont donné des spécimens de bijoux de toilette, vases, scarabées, pierres gravées, travail des artistes phéniciens : les ornements reproduisent en général des figures géométriques, ou des végétaux. Les Grecs furent les premiers qui, dans ces menus objets d'un travail si délicat, osèrent s'attaquer, avec le bonheur d'expression que l'on sait, à la figure humaine.

Ces bronzes, ces bijoux, étaient loin cependant d'être des œuvres originales. Comme ces industriels allemands qui fabriquent des articles de Paris dont ils inondent le monde entier, les Phéniciens reproduisaient les œuvres de l'Egypte et de l'Assyrie. Les coupes d'or et d'argent trouvées à Larnaca, nous montrent avec l'uraeus égyptien des motifs de décoration employés dans les palais de Ninive. C'est ainsi qu'au cours des huit siècles pendant lesquels ils eurent pour ainsi dire le monopole de la fabrication et de l'exportation des vases en métal et des objets de bronze, les Phéniciens répandirent et vulgarisèrent les types de l'art égyptien et de l'art oriental. Ils se piquaient peu d'inventer ; ils reproduisaient ou contrefaisaient ce qui était à la mode et ce que leurs clients leur demandaient.

D'autres travaux n'exigeaient pas, comme la métallurgie, un grand effort musculaire : les Phéniciens les abandonnèrent aux femmes. Tandis que leurs maris voguaient sur la vaste mer, à la recherche de la fortune, ou se livraient à la fabrication des armures et des bijoux, les femmes de Sidon « habiles aux magnifiques ouvrages » couvraient les tissus orientaux de broderies aux mille couleurs. Avec des fils dont la nuance tranchait sur le fond, elles figuraient « des bêtes fantastiques de toute sorte ». Les Grecs achetaient ces voiles d'un grand prix. Hécube « possédait des voiles brodés par des femmes de Sidon, que Pâris, semblable à un dieu, lui avait donnés ».

« Elle en choisit un pour l'offrir à Athéné. C'était le plus grand et le plus beau par ses broderies variées, et, comme une étoile, il resplendissait. » (1) Si cette comparaison, devenue banale, ne nous dit plus grand'chose, qu'on me permette de citer la belle page que les vers homériques ont probablement suggérée à Gustave Flaubert. Le voile de Tanit, la déesse phénicienne de Carthage, n'évoque-t-il pas à nos yeux les merveilleux travaux des femmes de Sidon ? « On aurait dit un nuage où étincelaient des étoiles : des figures apparaissaient dans les profondeurs de ses plis : Eschmoun avec les Kabires, *quelques-uns des monstres déjà vus, les bêtes sacrées des Babyloniens,* puis d'autres qu'ils ne connaissaient pas. Cela passait comme un manteau sous le visage de l'idole, et remontant étalé sur le mur, s'accrochait par les angles, tout à la fois bleuâtre comme la nuit, jaune comme l'aurore, pourpre comme le soleil, nombreux, diaphane, étincelant, léger. C'était le manteau de la déesse, le zaïmph saint que l'on ne pouvait voir... L'étoffe resplendissait au soleil avec ses couleurs, ses pierreries et la figure de ses dieux. Le zaïmph étincelait tout couvert de rayons. »

Les Phéniciennes brodaient en véritables artistes : elles savaient peindre également. Sur les zones d'ivoire qui ornaient le poitrail des chevaux « elles traçaient des dessins couleur de pourpre ». C'est la seule mention qu'Homère fasse de la pourpre, invention des Phéniciens qui leur assura la fabrication et la vente des vêtements de luxe que portaient les princes et les rois et qui fit leur richesse, non moins que l'industrie du bronze et des métaux.

Les livres homériques nous font ainsi connaître suffisamment le caractère, les mœurs, la vie, et dans une certaine mesure la civilisation des Phéniciens. Leur fourberie naturelle, — leurs voyages sur mer, — leur commerce et leur industrie, — voilà ce qui frappe le plus

---

(1) Il. VI. 288 et sq.

les Grecs du ix⁰ siècle.] Cependant, si par la place qu'ils occupent dans l'Iliade et l'Odyssée, les Phéniciens ont joué un rôle important dans les relations de peuple à peuple, et par conséquent dans l'histoire de la civilisation, ce rôle est plus grand encore, et les poèmes homériques n'ont pas tout dit. [Les Phéniciens ont pour ainsi dire inventé l'art de la navigation : c'est d'eux qu'est venu aux peuples européens l'usage de la rame, de la voile et du gouvernail. Ulysse, dans l'Odyssée, cherche sa route en observant la Grande Ourse qui se déplace dans la voûte céleste. Les Phéniciens s'aperçurent les premiers que la Grande Ourse pivotait autour de l'étoile polaire, fixe, et ils firent de celle-ci le guide des marins, l'étoile de la mer. — On leur attribua longtemps la découverte du verre ; ils perfectionnèrent du moins la verrerie, ainsi que la céramique. Avec le sable blanc et fin de leurs côtes, ils fabriquaient des statuettes de verre transparent qu'ils vendaient aux Grecs et aux Etrusques. Ils découvrirent la pourpre que leur fournissaient les coquillages de la mer. Enfin, — invention capitale, — ils décomposèrent la parole en ses éléments jusque-là à peu près inaperçus, et par la découverte de l'alphabet devinrent comme les seconds créateurs du langage. Ils simplifièrent le système hiéroglyphique des Egyptiens, trop compliqué ; ils choisirent vingt-deux lettres dans les écritures cursives et hiératiques de l'Egypte, et avec ces lettres ils notèrent les sons et les articulations de leur langue. Ces notations simples et commodes leur rendaient grand service dans leurs opérations commerciales. Les Grecs adoptèrent, en le perfectionnant, l'alphabet phénicien : avec les voyelles et les consonnes, on put désormais noter, écrire les mots de toutes les langues. Cet alphabet, dont les Phéniciens n'avaient vu que le côté pratique et utilitaire, les services qu'il peut rendre à des industriels et à des commerçants qui font leurs comptes, devait faciliter l'essor des œuvres littéraires, philosophiques et scientifiques, et décupler ainsi la puissance de l'homme.]

Ce petit peuple, qui tint si peu de place sur la carte, a donc été appelé à de hautes destinées. Sans doute, il n'a eu ni littérature, ni philosophie, mais par l'invention de l'alphabet il a puissamment aidé les manifestations de la pensée. Il a fait faire à l'homme ces progrès matériels, sans lesquels les dons les plus heureux de la nature deviennent inutiles et superflus. Confinées chez elles, l'Egypte, l'Assyrie, la Chaldée, sans le secours de la Phénicie, n'eussent guère plus exercé d'influence sur les peuples méditerranéens, que les Chinois. Les Grecs, en particulier, doivent beaucoup aux Phéniciens. C'est d'eux qu'ils reçurent quelques-uns de leurs mythes ; c'est grâce à eux peut-être, c'est à la vue de ces belles coupes phéniciennes aux admirables dessins, de ces beaux tissus orientaux, de ces magnifiques armures sortis des ateliers et des usines de Sidon, que s'éveilla leur goût artistique. Qui sait encore si les Phéniciens n'ont pas exercé une influence plus profonde sur les Grecs ? Les Grecs primitifs, attachés à leur sol, dédaigneux du commerce (1), redoutant les périls de la mer, sans les progrès que les Phéniciens firent faire à la navigation, se seraient peut-être renfermés chez eux, comme l'égoïste Egypte, privant ainsi le monde des bienfaits de leur civilisation.

C'est donc ce petit peuple, détesté des anciens, dépeint comme utilitaire et rapace, qui, sortant de ses étroites frontières, répandit dans le monde les civilisations orientales. Les Phéniciens y trouvèrent leur profit, sans doute, et c'est parce qu'ils n'ont pas connu le désintéressement qu'ils furent de pauvres penseurs, et, à tout prendre, des artisans plutôt que des artistes. Mais peu nous importe qu'ils aient eu conscience de leur rôle. Il suffit qu'en le remplissant, ils aient servi la civilisation, pour que nous devions leur en savoir gré.

(1) Od. VIII. 163 et 147-148.